LINH YAMAMOTO

JAPANISCHES

—KOCHBUCH—

Alle Ratschläge in diesem Buch wurden vom Autor und vom Verlag sorgfältig erwogen und geprüft. Eine Garantie kann dennoch nicht übernommen werden. Eine Haftung des Autors beziehungsweise des Verlags für jegliche Personen-, Sach- und Vermögensschäden ist daher ausgeschlossen.

Email: info@edition-lunerion.de
www.edition-lunerion.de

Psiana eCom UG
Berumer Str. 44
26844 Jemgum

Vorwort

Okonomiyaki, Satsumaimo Nabe, Mitoboru oder Beikudoraichi: Allein die Namen japanischer Speisen klingen für deutsche Ohren geheimnisvoll-verlockend und geschmacklich stehen sie dem in nichts nach. Um in diesen besonderen Genuss zu kommen, müssen Sie weder ein teures Restaurant besuchen noch ins Flugzeug steigen – stattdessen können Sie die Leckereien ganz einfach selbst auf den Tisch zaubern und dieses Kochbuch zeigt Ihnen, wie!

Japanisches Essen ist nicht nur unschlagbar vielfältig, sondern auch äußerst gesund: Dank jeder Menge frischem Gemüse, schonender Zubereitung, reichlich Fisch und Meeresfrüchten, fettarmen und trotzdem schmackhaften Gerichten sowie wenig Fleisch und einer Vielzahl an Superfood-Zutaten wie Soja oder Algen werden die Japaner so alt wie sonst kaum eine Nation. Tatsächlich geht es bei japanischem Essen nicht nur um Nahrung, sondern es bildet die Kultur des Landes ab, und die können Sie genussvoll-unkompliziert auf dem Teller entdecken. Von Frühstück über Salate, Suppen und Snacks bis hin zu sättigenden Hauptgerichten, Desserts und Drinks finden Sie hier originale Japan-Köstlichkeiten für jede Lebenslage. Auch Sushi-Rezepte kommen nicht zu kurz, sodass einem japanischen Schlemmermenü für Veggies, Fischfreunde, Fleischfans und Naschkatzen nichts mehr im Wege steht.

Guten Appetit!

INHALT

Einkaufsliste

☐ **Sake** (japanischer Reiswein)

☐ **Sojasoße**

☐ **Japanische Mayonnaise**

☐ **Mirin** (japanische Würzsoße)

☐ **Misopaste** (japanische Basissoße)

☐ **Erdnussöl**

☐ **Dashi-Brühe** (japanische Brühe): Sie werden die Brühe überwiegend in Form von Pulver benötigen. In einigen Rezepten wird sie jedoch auch als bereits angerührte Brühe verwendet.

☐ **Tahini** (Sesampaste)

☐ **Sesam**: hell und dunkel

☐ **Tofu**: geräuchert oder vorgegart

☐ **Wakame-Algen**

☐ **Lachs**: Achten Sie beim Kauf von Fisch stets auf Frische und verwenden Sie den Fisch so bald wie möglich nach dem Kauf. In einigen Rezepten wird auch tiefgekühlter Fisch verwendet.

☐ **Katsuobushi** (Thunfischflocken, getrocknet)

☐ **Kombu** (Algen)

☐ **Mungobohnenkeimlinge**

☐ **Mu-Err-Pilze**: Sie erhalten die Pilze in getrockneter Form in jedem japanischen oder asiatischen Supermarkt.

☐ **Garnelen**: Je nach Rezept werden hier große oder kleine Garnelen benötigt. Außerdem wird in den Rezepten angegeben, in welcher Form (gekühlt, roh oder tiefgekühlt) sie benötigt werden.

☐ **Fischsoße**: Die aus Asien stammende Fischsoße sollten Sie in jedem großen Discounter erhalten.

☐ **Panko-Paniermehl**: Das Paniermehl ist speziell für Fisch und asiatische Rezepte geeignet. Bekannte Paniermehl-Hersteller bieten auch Panko-Paniermehl an.

☐ **Ponzu** (japanische Würzsoße)

☐ **Anko** (rote Bohnenpaste): Die Paste wird für zahlreiche süße Gerichte verwendet. Sie sollten sie in jedem gut sortierten Asiamarkt finden.

☐ **Shiso** (Perilla-Blätter): Frisch sind diese Kräuter in Europa leider nur selten zu finden. Im Asiamarkt sollten Sie sie jedoch in getrockneter Form finden.

☐ **Reispapier**: Das dünne Reispapier wird meist für die Zubereitung von Sommer- und Frühlingsrollen verwendet. Einige große Supermarktketten bieten sie bereits im Sortiment an.

☐ **Tankozucker** (japanischer Vanillezucker): Dieser traditionell japanische Zucker ist in jedem Asiamarkt erhältlich.

Frühstück

NATTODON |

NATTO BOWL

2 Port.

30 Min.

Leicht

Zutaten

200 g Natto (tiefgekühlt), fermentierte Sojabohnen
1 TL Senf
2 EL Sojasoße (dunkel)
200 g Reis
200 ml Wasser
1 Prise Salz

Nährwerte p. P.

382 kcal
9 g Kohlenhydrate
13 g Fett
10 g Eiweiß

1 Bereiten Sie das Natto nach Anweisung zu.

2 Waschen Sie den Reis gründlich ab.

3 Salzen Sie das Wasser und kochen Sie den Reis darin für 20 Minuten bei geringer Wärmezufuhr.

4 Geben Sie den Reis in zwei Schüsseln und verteilen Sie das Natto darüber.

5 Schmecken Sie das Gericht mit Senf und Sojasoße ab.

OKONOMIYAKI |

JAPANISCHER PFANNKUCHEN

4 Port.

30 Min.

Leicht

Zutaten

180 ml Dashi (japanische Brühe)
2 Eier
1 ½ EL Sojasoße (dunkel)
½ TL Sesamöl
150 g Mehl
½ TL Backpulver
½ TL Salz
700 g Chinakohl
½ TL Mayonnaise
1 TL Okonomiyaki Soße

Außerdem:

Öl zum Braten

Nährwerte p. P.

195 kcal
30 g Kohlenhydrate
4 g Fett
7 g Eiweiß

1 Vermengen Sie Dashi, Eier, Sojasoße, Sesamöl, Mehl, Backpulver und Salz miteinander.

2 Waschen und reiben Sie den Chinakohl.

3 Geben Sie alle übrigen Zutaten zu der Dashi-Mischung und rühren Sie einen homogenen Teig an.

4 Erhitzen Sie etwas Öl in einer Pfanne und braten Sie darin 4 Pfannkuchen aus dem Teig.

5 Backen Sie die Pfannkuchen etwa 2 Minuten von jeder Seite an.

Tipp: Die japanischen Pfannkuchen können mit verschiedenen Füllungen oder Toppings serviert werden.

TAMAGO KAKE GOHAN |

EIER-BOWL

 2 Port.

 45 Min.

 Leicht

Zutaten

300 g Sushireis
240 g Edamame (tiefgekühlt)
150 ml Wasser
4 EL Sojasoße (dunkel)
4 TL Mirin (japanische Würzsoße)
4 Eier
2 Stücke Nari-Snack
1 EL Sesamsamen, geröstet

Nährwerte p. P.

410 kcal
61 g Kohlenhydrate
9 g Fett
17 g Eiweiß

1 Waschen Sie den Reis gründlich ab und kochen Sie ihn für 20 Minuten bei geringer Wärmezufuhr.

2 Verteilen Sie ihn anschließend auf 4 Schüsseln.

3 Kochen Sie die Edamame für 5 Minuten in dem Wasser.

4 Verteilen Sie die übrigen Zutaten als Topping auf die 4 Schüsseln. Schlagen Sie zum Schluss die Eier darauf.

TAMAGOYAKI |

FRÜHSTÜCKSOMELETT

2 Port. 20 Min. Leicht

Zutaten

3 Eier
1 TL Mirin (japanische Würzsoße)
2 EL Sojasoße (dunkel)
1 EL Zucker
30 g japanische Mayonnaise

Außerdem:

Öl zum Braten

Nährwerte p. P.

136 kcal
8 g Kohlenhydrate
8 g Fett
7 g Eiweiß

1 Schlagen Sie die Eier auf und rühren Sie alle übrigen Zutaten unter.

2 Erhitzen Sie etwas Öl in einer Pfanne.

3 Braten Sie die Eier-Mischung darin bei mittlerer Wärmezufuhr an.

4 Sobald die Oberfläche angetrocknet ist, wenden Sie das Omelett vorsichtig mit einem großen Pfannenwender.

5 Braten Sie die andere Seite 1 Minute lang an und servieren Sie es warm.

ASA GOHAN |

TRADITIONELLES ALLERLEI

2 Port.

25 Min.

Leicht

Zutaten

Für den Reis:
100 g Reis
2 Eier, weich gekocht
2 EL Sojasoße (dunkel)
2 TL Furikake-Gewürzmischung

Für die Miso-Suppe:
1 EL Misopaste (japanische Basissoße)
1 EL Dashi (japanische Brühe)
250 ml heißes Wasser
60 g Tofu, in Würfel geschnitten
1 EL Wakame-Algen
1 EL Sojasoße (dunkel)
1 EL Frühlingszwiebeln, gehackt

Für den Lachs:
150 g Lachs
1 EL Zitronensaft
1 EL Ingwer, geraspelt
1 Prise Salz
1 EL Öl

Nährwerte p. P.
160 kcal
29 g Kohlenhydrate
6 g Fett
10 g Eiweiß

1 Waschen Sie den Reis und kochen Sie ihn 20 Minuten bei geringer Wärmezufuhr.

2 Rühren Sie die übrigen Zutaten für den Reis unter den fertig gegarten Reis.

3 Weichen Sie die Wakame-Algen für die Miso-Suppe in dem Wasser ein. Schneiden Sie sie in kleine Würfel.

4 Geben Sie nun alle übrigen Zutaten für die Miso-Suppe in das Wasser.

5 Waschen Sie den Lachs und tupfen Sie ihn trocken.

6 Reiben Sie ihn mit Zitronensaft, Ingwer und Salz ein.

7 Erhitzen Sie das Öl in einer Pfanne und braten Sie den Lachs darin für 3 Minuten von beiden Seiten an.

8 Servieren Sie die Zutaten gemeinsam.

Tipp: Nutzen Sie die Miso-Suppe als Dip oder vermengen Sie die Zutaten darin. Das traditionelle Frühstück wird in Japan mit zahlreichen weiteren Beilagen, wie eingelegtem Ingwer, serviert.

Salate

KYURI NO SUNOMONO |

GURKENSALAT

4 Port.

35 Min.

Leicht

Zutaten

5 Minigurken
2 EL Reisessig
1 Prise Salz
1 EL Honig
1 EL Sesamöl
1 rote Chilischote
2 EL Sesam

Nährwerte p. P.

109 kcal
19 g Kohlenhydrate
3 g Fett
2 g Eiweiß

1 Waschen Sie die Gurken und schneiden Sie sie in mundgerechte Stücke.

2 Waschen und schneiden Sie die Chilischote in feine Würfel. Geben Sie die Chilistücke zu der Gurke.

3 Rühren Sie Reisessig und Salz unter und lassen Sie den Salat 30 Minuten lang ziehen.

4 Geben Sie jetzt die übrigen Zutaten hinzu und vermengen Sie alles kurz miteinander.

5 Servieren Sie den Gurkensalat sofort oder stellen Sie ihn bis zum Servieren kalt.

POTETOSARADA |

KARTOFFELSALAT

4 Port.

35 Min.

Leicht

Zutaten

1 kg Kartoffeln
1 Möhre
2 Minigurken
3 Frühlingszwiebeln
3 Eier, hart gekocht
4 EL japanische Mayonnaise
1 EL Sojasoße (dunkel)
1 EL Sesam
1 Prise Salz
1 Prise Pfeffer

Nährwerte p. P.

378 kcal
78 g Kohlenhydrate
18 g Fett
8 g Eiweiß

1 Kochen Sie die Kartoffeln mit Schale bissfest für 15 Minuten bei mittlerer Wärmezufuhr.

2 Lassen Sie die Kartoffeln abkühlen, schälen Sie sie und schneiden Sie sie anschließend in mundgerechte Stücke.

3 Schälen Sie die Möhre und raspeln Sie sie.

4 Waschen Sie die Gurken und Frühlingszwiebeln. Schneiden Sie sie in feine Würfel.

5 Vierteln Sie die Eier.

6 Vermengen Sie Mayonnaise, Sojasoße, Sesam, Salz und Pfeffer miteinander.

7 Heben Sie die übrigen vorbereiteten Zutaten unter das Dressing und stellen Sie den Salat für mindestens 2 Stunden kalt.

KYABETSU NO SANADA |

CHINAKOHL

4 Port.

10 Min.

Leicht

Zutaten

300 g Chinakohl
1 kleine Gurke
1 EL Sojasoße (dunkel)
1 EL Mirin (japanische Würzsoße)
1 EL Reisessig
1 EL Sesamöl
1 TL Sesam, geröstet

Nährwerte p. P.

55 kcal
3 g Kohlenhydrate
4 g Fett
2 g Eiweiß

1 Waschen Sie den Kohl und schneiden Sie ihn in feine Stücke.

2 Kneten Sie ihn in einer großen Schüssel kräftig mit den Händen durch. Dadurch erhält er eine lockere Konsistenz.

3 Waschen Sie die Gurke, halbieren Sie sie längs. Schneiden Sie sie anschließend in dünne Halbkreise.

4 Heben Sie die Gurke unter den Chinakohl.

5 Vermengen Sie Sojasoße, Mirin, Reisessig, Sesamöl und Sesam miteinander.

6 Rühren Sie das Dressing unter den Chinakohl. Servieren Sie den Salat kalt.

Tipp: Der Salat ist in Japan eine beliebte Beilage zu Hauptgerichten und passt sowohl zu Fleisch als auch vegetarischen Gerichten.

EBINOSARADA |

GARNELENSALAT

2 Port.

30 Min.

Leicht

Zutaten

220 g Garnelen
4 EL Olivenöl
2 Zehen Knoblauch
100 g Chinakohl
50 g Rotkohl
10 Cherrytomaten
2 Frühlingszwiebeln
1 Möhre
½ Paprika, gelb
½ Paprika, rot
6 Stängel Koriander
Saft einer Limette
200 ml Wasser
5 EL Sojasoße (dunkel)
20 g Honig
2 TL Sesam
1 Prise Salz
1 Prise Pfeffer

Nährwerte p. P.

443 kcal
24 g Kohlenhydrate
24 g Fett
27 g Eiweiß

1 Waschen Sie die Garnelen und lassen Sie sie abtropfen.

2 Vermengen Sie sie mit Olivenöl und pressen Sie den Knoblauch hinzu.

3 Lassen Sie die Mischung 10 Minuten lang ziehen.

4 Waschen Sie in der Zwischenzeit das Gemüse und den Koriander. Schneiden Sie alles in feine Streifen.

5 Vermengen Sie Limettensaft, Wasser, Sojasoße, Honig, Sesam, Salz und Pfeffer miteinander.

6 Rühren Sie das Dressing unter das vorbereitete Gemüse.

7 Erhitzen Sie eine Pfanne und rösten Sie die Garnelen darin 5 Minuten lang an.

8 Heben Sie die Garnelen jetzt unter den Salat und lassen Sie ihn mindestens 1 Stunde lang ziehen.

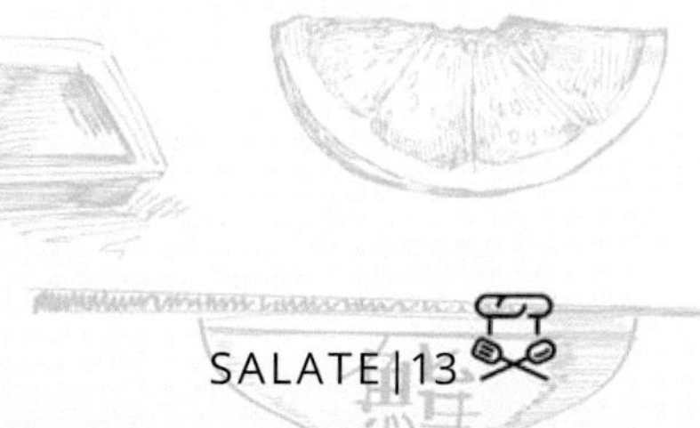

SAMON NO SARADA |

SALAT MIT LACHS UND INGWER

2 Port.

35 Min.

Leicht

Zutaten

Für die Marinade:

1 EL Erdnussöl
10 g Ingwer, gerieben
1 Zehe Knoblauch, gerieben
1 Prise Zucker
1 TL Sesam
1 Prise Chilipulver
1 EL Sojasoße (dunkel)
1 EL Reisessig
1 TL Misopaste (japanische Basissoße)

Für den Salat:

200 g Lachsfilet
¼ Eisbergsalat
¼ Chinakohl
1 Avocado
1 Gurke
1 Handvoll Mungobohnenkeimlinge
1 EL Erdnussöl
3 EL Mandeln, gehobelt
1 EL Sesam

Für die Soße:

2 EL Tahini (Sesampaste)
1 EL Zitronensaft
1 TL Honig
1 Prise Salz
1 TL Senf

Nährwerte p. P.

220 kcal
18 g Kohlenhydrate
3 g Fett
6 g Eiweiß

1 Bereiten Sie zunächst die Marinade zu. Erhitzen Sie dafür das Erdnussöl in einer Pfanne und rösten Sie Ingwer und Knoblauch darin für 2 Minuten an.

2 Rühren Sie den Zucker so lange unter, bis die Mischung vollständig karamellisiert ist.

3 Geben Sie jetzt die übrigen Zutaten für die Marinade hinzu, rühren Sie sie kräftig unter und nehmen Sie die Mischung sofort vom Herd. Füllen Sie die Marinade um.

4 Waschen Sie den Lachs, tupfen Sie ihn trocken und schneiden Sie ihn in mundgerechte Stücke.

5 Heben Sie den Fisch unter die Marinade und lassen Sie ihn darin 10 Minuten ziehen.

6 Bereiten Sie in der Zwischenzeit die übrigen Zutaten vor. Waschen Sie den Salat, den Kohl und die Gurke. Schälen Sie die Avocado und schneiden Sie alles in feine, mundgerechte Stücke.

7 Erhitzen Sie das Erdnussöl für den Salat in der Pfanne, die Sie bereits für die Marinade verwendet haben.

8 Braten Sie den marinierten Fisch darin 3 Minuten von jeder Seite an.

9 Lassen Sie den Fisch anschließend abkühlen.

10 Vermengen Sie jetzt alle Zutaten für den Salat mit dem gebratenen Fisch.

11 Rühren Sie aus den Zutaten für die Soße ein Dressing an und geben Sie es über den Salat, bevor Sie ihn servieren.

Suppen

UDON |

NUDELSUPPE-GRUNDREZEPT

 2 Port.

 10 Min.

 Leicht

Zutaten

600 ml Wasser
2 Bündel Udon-Nudeln
2 EL Sojasoße (dunkel)
1 EL Mirin (japanische Würzsoße)
1 TL Dashi (japanische Brühe)
1 TL Salz

Nährwerte p. P.

180 kcal
39 g Kohlenhydrate
3 g Fett
3 g Eiweiß

1 Kochen Sie die Udon-Nudeln nach Packungsanweisung.

2 Vermengen Sie die übrigen Zutaten in einem kleinen Topf miteinander und kochen Sie die Brühe kurz kräftig auf.

3 Lassen Sie sie jetzt für 10 Minuten bei geringer Wärmezufuhr köcheln.

4 Rühren Sie zum Abschluss die gekochten Nudeln unter und servieren Sie die Suppe sofort.

Tipp: Dieses Grundrezept der Udon-Nudelsuppe kann nach Belieben mit Gemüse, Ei und verschiedenen Sprossen angereichert werden.

CHIKINSUPU |

NUDELSUPPE MIT HÜHNERBRÜHE

8 Port.

3 Std.

Mittel

Zutaten

Für die Brühe:

1 Suppenhuhn
1 Stange Lauch
1 Zwiebel
10 g Ingwer
4 Möhren
1 Handvoll Algen

Für das Fleisch:

1 EL Öl
500 g Schweinefilet
100 ml Sojasoße
100 ml Reiswein
1 EL Zucker
1 Frühlingszwiebel, in feine Ringe geschnitten
10 g Ingwer, gerieben
100 ml Wasser

Für die Einlage:

3 Eier, hart gekocht
500 g Ramen-Nudeln
1 Nori-Blatt
100 g Sojasprossen
2 Frühlingszwiebeln

Außerdem:

Salz, Pfeffer

1 Beginnen Sie mit der Brühe. Waschen Sie das Huhn und das Gemüse ab.

2 Zerkleinern Sie Zwiebel, Ingwer und Möhren grob.

3 Geben Sie alle Zutaten für die Brühe in einen Topf und bedecken Sie diese mit Wasser.

4 Kochen Sie das Huhn darin für 3 bis 4 Stunden.

5 Während dieser Zeit entsteht Schaum auf dem Wasser. Diesen sollten Sie regelmäßig mit einem Schöpflöffel abnehmen.

6 Bereiten Sie in der Zwischenzeit das Schweinefleisch zu. Erhitzen Sie das Öl in einer Pfanne und braten Sie das Schweinefilet darin für 2 Minuten von jeder Seite kräftig an.

7 Geben Sie das Fleisch anschließend in einen großen Topf und geben Sie die übrigen Zutaten für das Fleisch hinzu.

8 Bringen Sie die Fleisch-Mischung zum Kochen und lassen Sie sie für 40 Minuten bei geringer Wärmezufuhr köcheln.

9 Schneiden Sie das Schweinefleisch im Anschluss in ca. 2 bis 3 cm dicke Scheiben.

10 Kochen Sie die Eier hart. Pellen Sie sie und kochen Sie sie für weitere 10 Minuten

Nährwerte p. P.

638 kcal
31 g Kohlenhydrate
34 g Fett
48 g Eiweiß

in dem Fleisch-Sud.

11 Kochen Sie die Nudeln in einem separaten Topf.

12 Zerkleinern Sie das Nori-Blatt.

13 Waschen Sie die Sojasprossen ab und schneiden Sie die Frühlingszwiebeln für die Einlage in feine Ringe.

14 Sobald das Huhn fertig ist, lösen Sie das Fleisch vom Knochen und schneiden Sie es in feine Stücke.

15 Geben Sie nun Hähnchenfleisch, Schweinefleisch, Eier und die übrigen Einlagen in die Brühe und schmecken Sie sie kräftig mit Salz und Pfeffer ab.

RAMEN |

HÜHNER-NUDELSUPPE

4 Port.

30 Min.

Leicht

Zutaten

10 g Ingwer
3 Zehen Knoblauch
200 g Champignons
3 Frühlingszwiebeln
4 Eier, hart gekocht
250 g Ramen-Nudeln
2 EL Sesamöl
2 EL Misopaste (japanische Basissoße)
4 EL Sojasoße (dunkel)
2 Liter Hühnerbrühe

Außerdem:

400 g Hähnchenbrustfilet
1 TL Sesamöl
2 EL Sojasoße (dunkel)

Nährwerte p. P.

457 kcal
46 g Kohlenhydrate
17 g Fett
29 g Eiweiß

1 Bereiten Sie zunächst das Hähnchenfleisch zu. Bestreichen Sie das Filet mit Sesamöl und Sojasoße.

2 Garen Sie das Fleisch bei 160 Grad Umluft im Backofen. Schneiden Sie es im Anschluss in dünne Scheiben.

3 Hacken Sie Ingwer und Knoblauch fein.

4 Waschen Sie Champignons und Frühlingszwiebeln und schneiden Sie alles in feine Scheiben.

5 Bereiten Sie die Nudeln nach Packungsanweisung zu.

6 Erhitzen Sie das Sesamöl in einem großen Topf.

7 Braten Sie Ingwer, Knoblauch und Champignons darin für 5 Minuten an.

8 Löschen Sie das Gemüse mit Misopaste, Sojasoße und der Hühnerbrühe ab.

9 Köcheln Sie die Suppe für 5 Minuten bei mittlerer Wärmezufuhr.

10 Rühren Sie Hähnchenfleisch, Frühlingszwiebeln und die Nudeln unter die Suppe. Servieren Sie die Eier nach Belieben ganz oder halbiert zu der Suppe.

Tipp: Wer die Suppe etwas schärfer mag, kann sie zum Abschluss mit Sambal Oelek oder Mirin würzen.

TOFU MISO |

MISO-SUPPE MIT TOFU

4 Port.

15 Min.

Leicht

Zutaten

2 EL Wakame-Algen
100 g Tofu
2 EL Misopaste (japanische Basissoße)
1 TL Salz
1 Liter Wasser
500 ml Wasser, lauwarm

Nährwerte p. P.

333 kcal
24 g Kohlenhydrate
2 g Fett
4 g Eiweiß

1 Weichen Sie die Algen für 3 Minuten in dem warmen Wasser ein.

2 Drücken Sie sie anschließend aus und zerkleinern Sie sie nach Belieben.

3 Schneiden Sie den Tofu in kleine Würfel.

4 Kochen Sie Misopaste, Salz und Wasser in einem großen Topf auf.

5 Kochen Sie die Brühe für 5 Minuten bei mittlerer Wärmezufuhr.

6 Rühren Sie Algen und Tofu unter und schmecken Sie die Suppe noch einmal mit Salz ab.

TOM KHA HAI | KOKOSSUPPE

2 Port.

30 Min.

Leicht

Zutaten

25 g Mu-Err-Pilze
100 ml Wasser, heiß
1 Zwiebel
1 Chilischote
½ Stange Zitronengras
2 Frühlingszwiebeln
8 Limettenblätter
1 Bund Koriander
10 g Ingwer
200 g Hähnchenbrustfilet
400 ml Kokosmilch
200 ml Hühnersuppe
1 EL Fischsoße
1 Prise Zucker
4 Garnelen, gebraten

Nährwerte p. P.

538 kcal
13 g Kohlenhydrate
44 g Fett
32 g Eiweiß

1 Weichen Sie die Pilze für 10 Minuten in dem Wasser ein.

2 Schälen Sie in der Zwischenzeit die Zwiebel und würfeln Sie sie fein.

3 Zerkleinern Sie Chilischote, Zitronengras, Frühlingszwiebel und Koriander. Reiben Sie den Ingwer.

4 Schneiden Sie die Pilze in Scheiben.

5 Waschen Sie das Hähnchenfleisch, tupfen Sie es trocken und schneiden Sie es in kleine Stücke.

6 Vermengen Sie Kokosmilch, Hühnersuppe, Fischsoße und Zucker miteinander. Bringen Sie die Mischung zum Kochen.

7 Geben Sie Zwiebeln, Chili, Zitronengras, Limettenblätter, Koriander und Ingwer in die Brühe und kochen Sie alles 5 Minuten bei geringer Wärmezufuhr.

8 Geben Sie jetzt das Hähnchenfleisch hinzu und kochen Sie es weitere 5 Minuten mit.

9 Rühren Sie zum Abschluss die Frühlingszwiebeln unter und nehmen Sie die Suppe sofort vom Herd.

10 Garnieren Sie die Suppe mit den gebratenen Garnelen.

pan

Brote

ANPAN |

GEFÜLLTE HEFEBRÖTCHEN

8 Brötchen

3 Std.

Mittel

Zutaten

Für den Teig:

220 g Mehl Type 550
30 g Mehl Type 405
50 g Zucker
4 g Salz
1 Ei
3 g Trockenhefe
50 ml Milch
60 ml Wasser
35 g Butter, Zimmertemperatur

Für die Füllung:

280 g Anko (rote Bohnenpaste)
1 Ei
2 EL Wasser
2 TL Sesam, dunkel

Nährwerte p. P.

265 kcal
32 g Kohlenhydrate
11 g Fett
8 g Eiweiß

1 Vermengen Sie das Mehl miteinander.

2 Rühren Sie Zucker, Salz und Ei unter das Mehl. Nutzen Sie dafür einen Knethaken oder kneten Sie den Teig mit den Händen.

3 Rühren Sie die Trockenhefe in Milch und Wasser ein. Erwärmen Sie die Mischung auf 30 Grad.

4 Lassen Sie die Hefemischung 2 Minuten lang ziehen.

5 Kneten Sie sie jetzt unter die Mehlmischung.

6 Stellen Sie den Teig an einen warmen Ort und lassen Sie ihn dort 30 Minuten lang ruhen.

7 Arbeiten Sie jetzt die Butter in den Teig.

8 Formen Sie daraus jetzt 8 Kugeln. Lassen Sie sie erneut 60 Minuten bei Zimmertemperatur ruhen.

9 Rollen Sie in der Zwischenzeit aus der Bohnenpaste ebenfalls 8 kleine Kugeln.

10 Arbeiten Sie diese Bohnenkugeln jetzt in die vorbereiteten Brötchen. Die Bohnenfüllung sollte dabei ihre Form behalten.

11 Verquirlen Sie Ei und Wasser miteinander, bestreichen Sie die Brötchen damit.

12 Bestreuen Sie sie mit etwas Sesam und backen Sie sie im vorgeheizten Backofen bei 200 Grad Ober-/Unterhitze für 13 bis 15 Minuten.

Tipp: Die gefüllten Brötchen können sowohl warm als auch kalt serviert werden.

MERONPAN |

MELONENBROT

1 Brot (ca. 12 Sch eiben) | 3 Std. | Leicht

Zutaten

Für den Grundteig:

1 Pk. Trockenhefe
100 ml Wasser, lauwarm
200 g Mehl Type 550
½ TL Salz
20 g Zucker
20 g Butter
1 Ei

Für den Mantelteig:

320 g Mehl Type 550
1 Msp. Backpulver
165 g Butter, Zimmertemperatur
40 g Zucker
1 Ei
Die Schale einer halben Zitrone
1 EL Melonensaft

Nährwerte p. P.

297 kcal
36 g Kohlenhydrate
14 g Fett
6 g Eiweiß

1 Lösen Sie die Hefe für den Grundteig in dem Wasser auf und lassen Sie sie darin 15 Minuten quellen.

2 Vermengen Sie in der Zwischenzeit Mehl, Salz, Zucker und Butter zu einem festen Teig.

3 Rühren Sie die Hefemischung unter und kneten Sie den Teig noch einmal mit den Händen durch.

4 Formen Sie daraus einen Brotlaib und lassen Sie ihn mindestens 90 Minuten an einem warmen Ort ruhen.

5 Bereiten Sie in der Zwischenzeit den Mantelteig zu. Vermengen Sie dafür alle angegebenen Zutaten zu einem Teig und rollen Sie ihn flach aus.

6 Heizen Sie den Backofen auf 180 Grad Ober-/Unterhitze vor.

7 Verquirlen Sie das Ei und bestreichen Sie das Brot damit.

8 Legen Sie den ausgerollten Mantelteig auf das Brot, schneiden Sie überschüssige Ränder ab.

9 Backen Sie das Brot im vorgeheizten Backofen für 20 Minuten goldbraun.

10 Lassen Sie das Brot auf einem Kuchengitter vollständig abkühlen.

Tipp: Alternativ kann der Teig zu Brötchen verarbeitet werden. Er sollte für 8 bis 10 Brötchen genügen.

SHOKUPAN |

FLUFFIGES MILCHBROT

1 Brot (ca. 12 Sch eiben) | 5 Std. | Leicht

Zutaten

Für den Vorteig:
100 g Mehl Type 550
100 ml Milch
3 g Hefe

Für den Hauptteig:
Der Vorteig
380 g Mehl Type 550
155 ml Milch
10 g Hefe
40 g Zucker
30 g Honig
2 Eigelbe
70 g Butter, weich
10 g Salz

Für das Tangzhong:
100 ml Milch
20 g Mehl Type 550

Außerdem:
Etwas flüssige Butter zum Bestreichen

Nährwerte p. P.

286 kcal
43 g Kohlenhydrate
9 g Fett
8 g Eiweiß

1 Vermengen Sie alle Zutaten für den Vorteig miteinander.

2 Lassen Sie den Teig für 3 Stunden bei Zimmertemperatur ruhen.

3 Erhitzen Sie die Zutaten für das Tangzhong in einem kleinen Topf.

4 Lassen Sie die Mischung abkühlen und stellen Sie sie kalt.

5 Bereiten Sie jetzt den Hauptteig zu. Vermengen Sie dafür alle angegebenen Zutaten, Vorteig und Tangzhong mit den Händen oder einem Knethaken.

6 Lassen Sie den Teig für 90 Minuten bei Zimmertemperatur ruhen.

7 Teilen Sie den Teig mit einem Teigschaber in 4 gleich große Stücke. Rollen Sie die Stücke etwa 4 cm dick aus und rollen Sie sie anschließend ein.

8 Fetten Sie eine Kastenform ein und geben Sie die Teigrollen nebeneinander hinein.

9 Lassen Sie den Teig in der Form noch einmal für 60 Minuten ruhen.

10 Heizen Sie in der Zwischenzeit den Backofen auf 180 Grad Ober-/Unterhitze vor.

11 Bestreichen Sie das Brot mit der flüssigen Butter.

12 Backen Sie das Brot nach der Ruhezeit für ca. 40 Minuten im Backofen.

13 Decken Sie es nach 30 Minuten Backzeit mit Alufolie oder Backpapier ab. Dadurch bleibt die Oberfläche schön weich.

KAREPAN |

BRÖTCHEN MIT CURRY-FÜLLUNG

12 Brötchen

2 Std.

Leicht

Zutaten

½ Würfel Hefe
125 ml Wasser
20 g Zucker
250 g Mehl
1 TL Salz
2 Eier
2 EL Milch

Außerdem:

Panko-Paniermehl
Currypulver
Öl zum Frittieren

Nährwerte p. P.

295 kcal
29 g Kohlenhydrate
6 g Fett
6 g Eiweiß

1 Vermengen Sie Wasser, Zucker und Hefe, bis sich der Zucker vollständig aufgelöst hat.

2 Rühren Sie Mehl, Salz und 1 Ei unter und kneten Sie den Teig sorgfältig durch.

3 Lassen Sie ihn für 30 Minuten an einem warmen Ort ruhen.

4 Formen Sie anschließend 12 Kugeln aus dem Teig. Lassen Sie sie zugedeckt erneut 15 Minuten ruhen.

5 Drücken Sie die Kugeln flach auf die Arbeitsfläche.

6 Geben Sie auf jede Teigkugel 1 TL Curry und umschließen Sie die Füllung, wodurch Brötchen entstehen.

7 Geben Sie das Pankomehl in einen tiefen Teller.

8 Verquirlen Sie Ei und Milch in einem weiteren Teller.

9 Wenden Sie die Brötchen erst in dem Ei und dann in dem Pankomehl.

10 Erhitzen Sie das Öl in einem großen Topf.

11 Frittieren Sie die Brötchen in dem heißen Öl für etwa 2 bis 3 Minuten.

12 Lassen Sie sie auf Küchenpapier abtropfen.

nikurōri & tori rōri

Hauptgerichte mit Fleisch & Geflügel

JAPANISCHES SCHNITZEL

4 Port.

25 Min.

Mittel

Zutaten

Für das Schnitzel:

4 Schweineschnitzel
1 Prise Salz
1 Prise Pfeffer
2 Eier
100 g Mehl
200 g Panko-Paniermehl

Für die Tonkatsu-Soße:

5 g Ingwer
1 Zehe Knoblauch
2 EL Sojasoße (dunkel)
4 EL Worcestersoße
100 g Tomatenketchup
2 TL Zucker

Außerdem:

Öl zum Frittieren

Nährwerte p. P.

702 kcal
54 g Kohlenhydrate
31 g Fett
50 g Eiweiß

1 Bereiten Sie zunächst die Tonkatsu-Soße zu. Schälen Sie den Ingwer und reiben Sie ihn.

2 Schälen Sie den Knoblauch und pressen Sie ihn.

3 Vermengen Sie alle Zutaten für die Soße miteinander und bringen Sie die Mischung in einem kleinen Topf zum Kochen.

4 Köcheln Sie die Soße 10 Minuten bei geringer Wärmezufuhr.

5 Passieren Sie sie im Anschluss durch ein feines Sieb und lassen Sie sie abkühlen.

6 Tupfen Sie das Fleisch mit Küchenpapier trocken. Klopfen Sie es bei Bedarf mit einem Fleischklopfer flach.

7 Würzen Sie die Schnitzel mit Salz und Pfeffer.

8 Verquirlen Sie die Eier in einem tiefen Teller.

9 Geben Sie Mehl und Paniermehl jeweils in einen tiefen Teller.

10 Wenden Sie die Schnitzel jetzt zunächst im Mehl, anschließend in den Eiern und zum Abschluss in dem Paniermehl.

11 Erhitzen Sie ausreichend Öl in einer tiefen Pfanne.

12 Frittieren Sie die Schnitzel für jeweils 3 bis 4 Minuten in dem heißen Öl.

13 Servieren Sie die vollständig abgekühlte Soße zu den Schnitzeln.

Tipp: Dazu passt ein frischer Krautsalat.

TERIYAKI CHICKEN |

WÜRZIGES HÄHNCHEN MIT REIS

4 Port.

45 Min.

Leicht

Zutaten

250 g Basmatireis
1 Liter Wasser
1 Prise Salz
100 g Frühlingszwiebeln
1 EL Rohrzucker
600 g Hähnchenbrustfilet
5 g Ingwer
4 Zehen Knoblauch
2 kleine Schalotten
100 ml Sojasoße
1 TL Honig
20 ml Reiswein
1 Prise Pfeffer
4 EL Sesamöl
2 EL Sesam

Nährwerte p. P.

545 kcal
64 g Kohlenhydrate
15 g Fett
40 g Eiweiß

1 Waschen Sie den Reis gründlich ab und bringen Sie ihn mit Wasser und Salz zum Kochen. Kochen Sie ihn für 20 Minuten bei geringer Wärmezufuhr.

2 Waschen Sie die Frühlingszwiebeln und schneiden Sie sie in feine Ringe.

3 Dünsten Sie sie gemeinsam mit dem Rohrzucker in einer Pfanne, ohne Zugabe von Fett

4 an, bis die Mischung karamellisiert.

5 Waschen Sie das Hähnchenfleisch, tupfen Sie es trocken und schneiden Sie es in etwa 2 cm große Stücke.

6 Schälen und würfeln Sie Ingwer, Knoblauch und Schalotten in feine Stücke. Vermengen Sie diese miteinander.

7 Rühren Sie Sojasoße, Honig, Reiswein und Pfeffer unter.

8 Geben Sie diese Soße jetzt über die Hähnchenstücke.

9 Bringen Sie die Mischung in einem kleinen Topf zum Köcheln und kochen Sie sie für 30 Minuten bei mittlerer Wärmezufuhr.

10 Schmecken Sie die Soße nach Belieben mit Sesamöl und Sesam ab.

11 Servieren Sie sie zu dem Basmatireis und garnieren Sie das Gericht mit den karamellisierten Frühlingszwiebeln.

MITOBORU |

FLEISCHBÄLLCHEN MIT PONZU

4 Port.

20 Min.

Leicht

Zutaten

Für die Fleischsoße:

½ Zwiebel
3 EL Pflanzenöl
500 g gemischtes Hackfleisch
1 Zehe Knoblauch
70 g Panko-Paniermehl
2 EL Milch
1 Ei
3 EL Sojasoße (dunkel)

Für die Soße:

125 ml Ponzu (japanische Würzsoße)
1 EL Sojasoße (dunkel)
1 TL Zucker

Zum Garnieren:

1 Frühlingszwiebel, in Ringe geschnitten

Nährwerte p. P.

386 kcal
42 g Kohlenhydrate
20 g Fett
11 g Eiweiß

1 Schälen Sie die Zwiebel, schneiden Sie sie in feine Würfel.

2 Erhitzen Sie 1 EL Öl in einer Pfanne. Dünsten Sie die Zwiebelwürfel darin etwa 5 Minuten kräftig an.

3 Vermengen Sie die gebratenen Zwiebeln mit Hackfleisch, Knoblauch, Paniermehl, Milch, Ei und Sojasoße.

4 Kneten Sie daraus mit den Händen einen Teig.

5 Formen Sie aus der Mischung anschließend 8 Fleischbällchen. Lassen Sie diese 30 Minuten im Kühlschrank ruhen.

6 Erhitzen Sie 2 EL Öl in der Pfanne.

7 Braten Sie die Fleischbällchen darin 3 bis 4 Minuten von jeder Seite an.

8 Rühren Sie in der Zwischenzeit aus Ponzu, Sojasoße und Zucker eine Soße an.

9 Löschen Sie die Fleischbällchen mit der Soße ab.

10 Lassen Sie die Fleischbällchen darin für 5 Minuten bei geringer Wärmezufuhr köcheln.

11 Servieren Sie die Fleischbällchen in der Soße und garnieren Sie sie mit den Frühlingszwiebeln.

Tipp: Dazu schmeckt ein Salat oder Reis.

MILLE FEUILLE NABE |

JAPANISCHER HOTPOT

4 Port.

25 Min.

Leicht

Zutaten

1 Chinakohl
700 g Bauchspeck, in dünne Scheiben geschnitten
40 g Ingwer, gerieben
1 ½ Liter Dashi (japanische Brühe)
2 EL Sake (japanischer Reiswein)
1 EL Sojasoße (dunkel)
½ TL Salz
100 ml Ponzu (japanische Würzsoße)

Nährwerte p. P.

691 kcal
3 g Kohlenhydrate
42 g Fett
31 g Eiweiß

1 Entfernen Sie den Strunk des Kohls, schneiden Sie ihn in dünne Stücke.

2 Waschen Sie ihn gründlich ab und lassen Sie ihn abtropfen.

3 Schneiden Sie den Bauchspeck in kleine Würfel und vermengen Sie ihn mit dem Kohl.

4 Verteilen Sie die Mischung auf 4 Schüsseln.

5 Erhitzen Sie Ingwer, Dashi-Brühe, Sake, Sojasoße, Salz und Ponzu.

6 Geben Sie die Brühe jetzt in die Schüsseln und lassen Sie den Hotpot kurz ziehen.

SATSUMAIMO NABE |

BAUERNTOPF

2 Port.

40 Min.

Leicht

Zutaten

200 g Bauchspeck
1 Möhre
300 g Rettich
300 g Süßkartoffeln
2 EL Sesamöl
1 Zehe Knoblauch, gerieben
10 g Ingwer, gerieben
500 ml Dashi (japanische Brühe)
3 EL Misopaste (japanische Basissoße)
1 EL Mirin (japanische Würzsoße)
1 EL Sojasoße (dunkel)
1 EL Sake (japanischer Reiswein)
1 Prise Chilipulver

Nährwerte p. P.

420 kcal
49 g Kohlenhydrate
29 g Fett
21 g Eiweiß

1 Schneiden Sie das Fleisch und das Gemüse in kleine, mundgerechte Stücke.

2 Erhitzen Sie das Öl in einem Topf.

3 Braten Sie zunächst die Süßkartoffeln für 2 Minuten darin an.

4 Geben Sie das Fleisch hinzu und dünsten Sie es 1 Minute mit.

5 Rühren Sie jetzt das übrige Gemüse sowie Knoblauch und Ingwer unter und braten Sie alles für weitere 3 Minuten an.

6 Übergießen Sie die Mischung jetzt mit Brühe, Misopaste, Mirin, Sojasoße, Sake und Chilipulver.

7 Lassen Sie den Eintopf für 25 Minuten bei mittlerer Wärmezufuhr kochen.

sakana ryōri & kaisen ryōri

Hauptgerichte mit Fisch & Meeresfrüchten

SAMON NO FURAI |

LACHS AUS DER PFANNE

2 Port.

25 Min.

Leicht

Zutaten

Für den Fisch:

400 g Lachsfilet
3 EL Sake (japanischer Reiswein)
1 EL Zitronensaft
1 Zehe Knoblauch, gerieben
20 g Ingwer, gerieben
50 ml Sojasoße
1 TL Reisessig

200 g Basmatireis
1 großer Brokkoli
1 rote Zwiebel
100 g Spinat
2 EL Butter
1 EL Misopaste (japanische Basissoße)
Salz

Nährwerte p. P.

510 kcal
55 g Kohlenhydrate
20 g Fett
16 g Eiweiß

1 Stellen Sie aus Sake, Zitronensaft, Knoblauch, Ingwer, Sojasoße und Reisessig eine Marinade her.

2 Bestreichen Sie den Fisch mit der Marinade.

3 Schälen und schneiden Sie die Zwiebel in feine Würfel.

4 Waschen Sie den Spinat und den Brokkoli. Teilen Sie den Brokkoli in feine Röschen.

5 Kochen Sie den Brokkoli gemeinsam mit dem Reis etwa 15 Minuten bissfest.

6 Erhitzen Sie die Butter in einer Pfanne.

7 Braten Sie die Zwiebeln darin 2 Minuten lang an. Geben Sie den Lachs hinzu und braten Sie ihn für 3 Minuten von jeder Seite an.

8 Geben Sie den gewaschenen Spinat darauf und dünsten Sie ihn kurz an, bis er zusammengefallen ist.

9 Gießen Sie Reis und Brokkoli ab und rühren Sie alles mit in die Pfanne.

10 Schmecken Sie das Gericht mit Misopaste und Salz ab.

KAISENDON |

FISCHBOWL MIT REIS

1 Port.

35 Min.

Leicht

Zutaten

100 g Lachs
100 g Thunfisch
150 g Reis
1 Blatt Shiso (japanische Kräuter)
1 EL Sojasoße (dunkel)
1 TL Wasabi

Nährwerte p. P.

490 kcal
51 g Kohlenhydrate
23 g Fett
15 g Eiweiß

1 Waschen Sie den Reis gründlich ab und kochen Sie ihn für 20 Minuten in leicht gesalzenem Wasser.

2 Waschen Sie den Fisch, tupfen Sie ihn trocken und schneiden Sie ihn in mundgerechte Stücke.

3 Geben Sie den Reis in eine Schüssel, verteilen Sie die Fischstücke darauf.

4 Garnieren Sie das Gericht zum Abschluss mit Shiso, Sojasoße und Wasabi.

SAKANA NO TATTAAGE |

FRITTIERTE FISCHHÄPPCHEN

2 Port.

15 Min.

Leicht

Zutaten

200 g Lachsfilet
100 g Bratpaprika
1 Prise Salz
3 EL Sojasoße (dunkel)
3 EL Sake (japanischer Reiswein)
1 EL Ingwer, gerieben
1 TL Knoblauch, gerieben
4 EL Stärke
2 Scheiben Zitrone

Außerdem:

Öl zum Frittieren

Nährwerte p. P.

276 kcal
12 g Kohlenhydrate
13 g Fett
25 g Eiweiß

1 Waschen Sie den Fisch, tupfen Sie ihn trocken und schneiden Sie ihn in etwa 5 cm große Stücke.

2 Vermengen Sie Salz, Sojasoße, Sake, Ingwer und Knoblauch miteinander.

3 Marinieren Sie den Fisch darin.

4 Wenden Sie die Fischstücke anschließend in der Stärke.

5 Erhitzen Sie ausreichend Öl in einem Topf.

6 Frittieren Sie die Fischstücke darin nach und nach für etwa 2 Minuten.

7 Lassen Sie sie anschließend auf Küchenpapier abtropfen.

8 Erhitzen Sie etwas Öl in einer Pfanne und braten Sie die Paprika darin für 2 Minuten an.

9 Servieren Sie die Paprika zu dem Fisch und garnieren Sie das Gericht mit den Zitronenscheiben.

TERIYAKI-LACHS |

WÜRZIGER LACHS

2 Port.

35 Min.

Leicht

Zutaten

200 g Reis

Für den Lachs:

300 g Lachsfilet
1 TL Salz
25 g Mehl
5 EL Öl

Für die Soße:

4 EL Sojasoße (dunkel)
4 EL Mirin (japanische Würzsoße)
4 EL Sake (japanischer Reiswein)
1 EL Rohrzucker
1 TL japanische Mayonnaise

Zum Garnieren:

Schnittlauch, in Ringe geschnitten
Sesam

Nährwerte p. P.

512 kcal
39 g Kohlenhydrate
22 g Fett
38 g Eiweiß

1 Waschen Sie den Reis und kochen Sie ihn nach Packungsanweisung.

2 Vermengen Sie alle Zutaten für die Soße miteinander. Erwärmen Sie die Mischung kurz in einem kleinen Topf und füllen Sie sie anschließend um.

3 Salzen Sie den Fisch und wälzen Sie ihn in dem Mehl.

4 Erhitzen Sie das Öl und braten Sie den Fisch darin für jeweils 3 Minuten von jeder Seite an.

5 Geben Sie die Soße in die Pfanne und über den Lachs.

6 Erwärmen Sie alles noch einmal für 5 Minuten bei geringer Wärmezufuhr.

7 Servieren Sie den Lachs zu dem Reis. Garnieren Sie das Gericht mit Schnittlauch und Sesam.

MIRIN SAKE |

MIRIN-LACHS

2 Port.

45 Min.

Leicht

Zutaten

150 g Lachs
3 EL Mirin (japanische Würzsoße)
1 EL Sojasoße (dunkel)
1 EL Sake (japanischer Reiswein)
2 EL Öl
175 g Reis

Zum Garnieren:

Kresse
Sesam, hell

Nährwerte p. P.

362 kcal
25 g Kohlenhydrate
20 g Fett
20 g Eiweiß

1 Tupfen Sie den Lachs mit Küchenpapier ab und schneiden Sie ihn in längliche Stücke.

2 Vermengen Sie Mirin, Sojasoße und Sake.

3 Legen Sie den Fisch darin für 30 Minuten ein.

4 Waschen und kochen Sie in der Zwischenzeit den Reis.

5 Erhitzen Sie das Öl in einer Pfanne.

6 Braten Sie den Lachs darin von jeder Seite 3 Minuten an.

7 Richten Sie den Fisch mit Reis, Kresse und Sesam an.

Tipp: Falls Sie die Zeit haben, können Sie den Fisch auch über Nacht in der Marinade einlegen.

bejitarian ryōri

Vegetarische Hauptgerichte

YAKI CURRY |

VEGETARISCHES CURRY

4 Port.

40 Min.

Leicht

Zutaten

60 ml Sojasoße
125 ml Kokosmilch
4 TL Maisstärke
250 ml Wasser
2 Zwiebeln
10 g Ingwer
1 Zehe Knoblauch
2 EL Currypulver
3 EL Öl
450 g gemischtes Gemüse
1 Dose Kichererbsen

Nährwerte p. P.

312 kcal
37 g Kohlenhydrate
15 g Fett
11 g Eiweiß

1 Vermengen Sie Sojasoße, Kokosmilch, Maisstärke und Wasser miteinander.

2 Schälen und schneiden Sie Zwiebeln, Ingwer und Knoblauch in feine Stücke.

3 Waschen und schneiden Sie das Gemüse in mundgerechte Stücke.

4 Erhitzen Sie das Öl in einem Wok.

5 Braten Sie das gesamte Gemüse gemeinsam mit Zwiebeln, Ingwer, Knoblauch und Currypulver für etwa 5 Minuten darin an.

6 Löschen Sie die Mischung mit der Kokosmilch-Mischung ab und kochen Sie das Curry kurz auf.

7 Gießen Sie die Kichererbsen ab und rühren Sie sie unter.

SHIITAKE |

VEGETARISCHES OMELETT

4 Port.

30 Min.

Leicht

Zutaten

8 Eier
1 Prise Salz
1 Prise Pfeffer
200 g Weißkohl
125 g Shiitakepilze
2 EL Olivenöl
1 EL Sesam
2 EL Sojasoße (dunkel)

Nährwerte p. P.

360 kcal
20 g Kohlenhydrate
19 g Fett
23 g Eiweiß

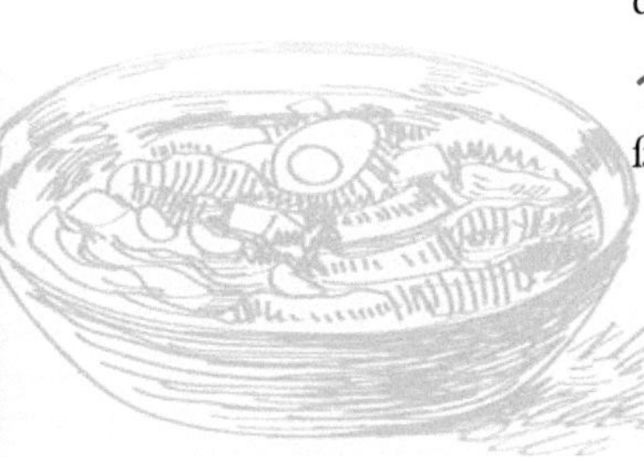

1 Vermengen Sie die Eier mit Salz und Pfeffer.

2 Entfernen Sie den Strunk von dem Weißkohl. Vierteln Sie ihn und hobeln Sie ihn anschließend fein.

3 Waschen Sie die Pilze und schneiden Sie sie in dünne Scheiben.

4 Rösten Sie die Sesamsamen in einer Pfanne, ohne Zugabe von Fett

5 an.

6 Erhitzen Sie das Öl in einer Pfanne.

7 Braten Sie die Hälfte des Kohls und der Pilze darin 2 Minuten an.

8 Füllen Sie die Pfanne mit der Hälfte der verquirlten Eier und garen Sie es einige Minuten, bis das Omelett fest geworden ist.

9 Verwenden Sie die übrigen Zutaten auf die gleiche Weise.

10 Servieren Sie die Omeletts mit Sojasoße und Sesam.

HOTTODOGGU |

VEGETARISCHER HOTDOG

4 Port.

20 Min.

Leicht

Zutaten

2 Stücke geräucherter Tofu
4 EL Sojasoße (dunkel)
4 EL Sesamöl
4 EL Panko-Paniermehl
4 Hotdog-Brötchen
5 EL Mayonnaise
2 TL Wasabi-Paste
6 EL eingelegter Ingwer
20 g Sprossen

Nährwerte p. P.

710 kcal
48 g Kohlenhydrate
47 g Fett
23 g Eiweiß

1 Schneiden Sie aus dem Tofu längliche Sticks.

2 Marinieren Sie die Sticks 30 Minuten lang in Sojasoße.

3 Wenden Sie sie anschließend in dem Paniermehl.

4 Erhitzen Sie das Öl in einer Pfanne.

5 Braten Sie die Sticks darin 5 Minuten lang von allen Seiten an.

6 Schneiden Sie die Hotdogs auf, legen Sie in jedes einen Stick und garnieren Sie sie nach Belieben mit Mayonnaise, Wasabi-Paste, Ingwer und Sprossen.

WAKAME SARADA | GURKENSALAT

2 Port.

5 Min.

Leicht

Zutaten

½ Gurke
100 g Wakame-Salat
200 g Mungobohnensprossen
3 EL Sojasoße (dunkel)
2 EL Reisessig
4 Scheiben Roggenbrot

Nährwerte p. P.

104 kcal
44 g Kohlenhydrate
2 g Fett
4 g Eiweiß

1 Halbieren Sie die Gurke, entkernen Sie sie und schneiden Sie sie in dünne Halbmonde.

2 Lassen Sie den Wakame-Salat abtropfen.

3 Blanchieren Sie die Mungobohnensprossen 2 Minuten lang in kochendem Wasser. Lassen Sie sie anschließend abtropfen.

4 Vermengen Sie jetzt alle Zutaten miteinander und lassen Sie den Salat kurz ziehen.

PASUTA NO SARADA |

NUDELSALAT

2 Port.

25 Min.

Leicht

Zutaten

120 g Edamame (tiefgekühlt)
1 Prise Salz
500 ml Wasser
2 EL flüssiges Dashi (japanische Brühe)
1 EL Sojasoße (dunkel)
2 EL Mirin (japanische Würzsoße)
1 TL Öl
2 EL Reisessig
1 Avocado
100 g Nudeln
2 TL Sesam
1 TL Sesamöl

Nährwerte p. P.

214 kcal
7 g Kohlenhydrate
4 g Fett
8 g Eiweiß

1 Kochen Sie die Edamame 4 Minuten lang in dem gesalzenen Wasser.

2 Schrecken Sie sie anschließend mit kaltem Wasser ab.

3 Vermengen Sie Dashi, Sojasoße, Mirin, Öl und Reisessig miteinander.

4 Entkernen Sie die Avocado und würfeln Sie das Fruchtfleisch.

5 Kochen Sie die Nudeln nach Packungsanweisung.

6 Vermengen Sie Edamame, Avocado, Nudeln und die zubereitete Soße miteinander.

7 Garnieren Sie den Salat mit Sesam und Sesamöl.

Vegane Hauptgerichte

NUKAZUKE |

EINGELEGTES GEMÜSE

2 Port. | 2 – 3 Tage | Leicht

Zutaten

Für das Nukazuke:

500 g Weizenkleie
500 ml Wasser
50 bis 75 g Salz
4 Kohlblätter, grob zerkleinert

Für das Gemüse:

1 Gurke
1 Möhre
4 Radieschen

Nährwerte p. P.

80 kcal
2 g Kohlenhydrate
1 g Fett
0 g Eiweiß

1 Bereiten Sie zunächst das Nukazuke zu. Vermengen Sie Weizenkleie, Wasser und Salz miteinander.

2 Kneten Sie die Mischung mit Ihren Händen durch, bis eine sandige Konsistenz entsteht.

3 Graben Sie die Kohlblätter in die Mischung ein und lassen Sie das Nukazuke von nun an ruhen.

4 Kneten Sie es zweimal täglich mit sauberen Händen durch und wechseln Sie dabei die Kohlblätter aus.

5 Sobald das Nukazuke einen säuerlichen Geruch annimmt (das sollte nach spätestens 48 Stunden der Fall sein), können Sie es verwenden.

6 Waschen Sie das Gemüse und schneiden Sie es in mundgerechte Stücke. Alternativ kann das Gemüse auch im Ganzen im Nukazuke eingelegt werden, das verlängert jedoch die Einlegezeit.

7 Graben Sie das Gemüse im Nukazuke ein, drücken Sie die Mischung fest und lassen Sie sie ruhen.

8 Die Gurken sind bereits nach 2 bis 3 Stunden fertig. Das härtere Gemüse sollten Sie 4 bis 6 Stunden einlegen.

9 Nehmen Sie das Gemüse nach dieser Zeit aus dem Nukazuke heraus und waschen Sie es ab.

10 Servieren Sie es nach Belieben.

Tipp: Diese Art, Gemüse einzulegen, ist in Japan Tradition.

BENTO |

MÖHREN MIT GRÜNEN BOHNEN UND SESAMSOßE

2 Port.

10 Min.

Leicht

Zutaten

150 g Möhren
150 g grüne Bohnen
1 Prise Salz
1 Liter Wasser

Für die Soße:

4 EL Sesam
3 EL Zucker
2 ½ EL Sojasoße (dunkel)
1 ½ EL Mirin (japanische Würzsoße)

Nährwerte p. P.

405 kcal
35 g Kohlenhydrate
3 g Fett
2 g Eiweiß

1 Vermengen Sie zunächst alle Zutaten für die Soße miteinander.

2 Schälen Sie die Möhren und schneiden Sie sie in dünne Streifen.

3 Schneiden Sie die Enden der Bohnen ab und halbieren Sie sie schräg.

4 Geben Sie das Salz in das Wasser und kochen Sie das Gemüse darin für 5 Minuten bissfest.

5 Schrecken Sie es anschließend mit kaltem Wasser ab und vermengen Sie es mit der Soße.

Tipp: Dieses vegane Gericht kann sowohl als schnelle Hauptspeise als auch als Beilage serviert werden.

SHISHITO |
FRITTIERTES GEMÜSE

4 Port.

15 Min.

Leicht

Zutaten

1 Aubergine
6 Shishito Paprika
½ Paprika, rot

Für die Soße:

1 ½ Tassen Gemüsebrühe
3 EL Sake (japanischer Reiswein)
3 EL Sojasoße (dunkel)
3 EL Mirin (japanische Würzsoße)
1 Prise Salz
1 EL Sesamöl
1 EL Sesam
1 EL Ingwer, gerieben

Außerdem:

Öl zum Frittieren

Nährwerte p. P.

425 kcal
49 g Kohlenhydrate
6 g Fett
3 g Eiweiß

1 Vermengen Sie zunächst alle Zutaten für die Soße miteinander, bis sich alles zu einer homogenen Masse verbunden hat.

2 Waschen Sie die Paprika und Aubergine und schneiden Sie sie in mundgerechte Stücke.

3 Erhitzen Sie ausreichend Öl auf 175 Grad.

4 Frittieren Sie die Gemüsestücke darin nach und nach für jeweils 2 Minuten.

5 Reichen Sie die Soße dazu als Dip.

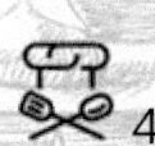

INARI |

GEMÜSESUSHI

4 Port.

10 Min.

Leicht

Zutaten

12 Scheiben frittierter Tofu
450 g Reis
1 Prise Salz
500 ml Wasser
150 g Möhren
6 getrocknete Shiitake-Pilze
30 g Hijiki-Algen
10 Erbsenschoten
1 EL Sesamöl

Für den Sushi-Essig:

4 EL Essig
4 EL Zucker
1 EL Salz

Für die Gemüsesoße:

4 EL Sojasoße (dunkel)
2 EL Mirin (japanische Würzsoße)
1 EL Zucker
2 EL Sake (japanischer Reiswein)
100 ml Suppenbrühe

Für die Marinade:

350 ml Suppenbrühe
3 EL Sojasoße (dunkel)
3 EL Zucker
3 EL Mirin (japanische Würzsoße)

Nährwerte p. P.

580 kcal
59 g Kohlenhydrate
4 g Fett
9 g Eiweiß

1 Vermengen Sie alle Zutaten für den Sushi-Essig.

2 Rühren Sie aus allen Zutaten für die Gemüsesoße eine Soße an, bis sich der Zucker vollständig aufgelöst hat.

3 Schneiden Sie die Tofustücke in große Würfel und heben Sie daraus eine Mulde heraus, um diese später füllen zu können.

4 Vermengen Sie die Tofustücke jetzt mit allen Zutaten für die Marinade. Köcheln Sie diese Mischung für etwa 10 bis 15 Minuten bei geringer Wärmezufuhr. Die Flüssigkeit sollte nach dieser Zeit vollständig verdampft sein.

5 Kochen Sie parallel dazu den Reis in Wasser und Salz.

6 Rühren Sie den Sushi-Essig unter den gekochten Reis.

7 Schälen Sie die Möhren, waschen Sie die Pilze und schneiden Sie das Gemüse in feine Stücke.

8 Vermengen Sie das Gemüse mit der Gemüsesoße.

9 Füllen Sie die Tofustücke jetzt mit dem Reis und verwenden Sie das Gemüse als Topping. Garnieren Sie die Stücke zum Abschluss mit dem Sesamöl.

DONBURI |

REISBOWL MIT GEMÜSE

4 Port.

15 Min.

Leicht

Zutaten

Für die Ingwersoße:

15 g Ingwer, gerieben
1 Zehe Knoblauch, gerieben
3 EL Olivenöl
4 EL Sojasoße (dunkel)
200 ml Mandarinensaft
4 Prisen Chiliflocken
1 TL brauner Zucker
1 TL Erdnussöl

Für das Topping:

1 EL Öl
100 Soja-Geschnetzeltes
1 Paprika, in dünne Scheiben geschnitten
2 Frühlingszwiebeln, in Ringe geschnitten
1 TL Gemüsebrühe
200 ml Wasser
5 EL Sojasoße (dunkel)
1 Prise Salz
2 Prisen Pfeffer

Außerdem:

300 g Reis
500 ml Wasser
1 TL Salz

Nährwerte p. P.

340 kcal
9 g Kohlenhydrate
23 g Fett
15 g Eiweiß

1 Kochen Sie den Reis in 500 ml Wasser und Salz.

2 Vermengen Sie alle Zutaten für die Ingwersoße miteinander. Kochen Sie die Mischung 2 Minuten lang in einem kleinen Topf auf.

3 Füllen Sie die Soße um.

4 Nun folgt das Topping: Erhitzen Sie das Öl in dem Topf und braten Sie das Soja-Geschnetzelte darin für 5 Minuten an.

5 Geben Sie das vorbereitete Gemüse hinzu und dünsten Sie es 2 Minuten lang mit an.

6 Löschen Sie die Mischung mit Gemüsebrühe, Wasser, Sojasoße, Salz und Pfeffer ab.

7 Erhitzen Sie das Gemüse noch einmal für 3 Minuten bei geringer Wärmezufuhr.

8 Verteilen Sie den Reis auf 4 Schüsseln. Geben Sie die Ingwersoße und anschließend die Gemüsemischung als Topping darüber.

fingāfūdo & sunakku

Fingerfood & Snacks

TAKOYAKI |

GEFÜLLTE TEIGBÄLLCHEN

30 Bällchen

45 Min.

Leicht

Zutaten

Für den Takoyaki-Teig:

130 g Mehl
2 TL Dashi (japanische Brühe)
1 TL Backpulver
1 Ei
500 ml Wasser, kalt

Für die Füllung:

100 g Oktopus, fein zerkleinert
1 EL eingelegter Ingwer
3 Frühlingszwiebeln, in Ringe geschnitten
50 g Tenkasu

Außerdem:

Öl zum Einfetten

Nährwerte p. P.

50 kcal
9 g Kohlenhydrate
3 g Fett
2 g Eiweiß

1 Rühren Sie aus den Zutaten für den Teig einen flüssigen Teig an.

2 Erhitzen Sie ein Takoyaki-Eisen und fetten Sie es mit etwas Öl ein.

3 Vermengen Sie alle Zutaten für die Füllung miteinander.

4 Füllen Sie die Löcher jeweils zur Hälfte mit Teig.

5 Geben Sie jeweils 1 EL Füllung darauf.

6 Füllen Sie die Löcher jetzt vollständig mit Teig auf.

7 Backen Sie die Bällchen für etwa 5 Minuten von jeder Seite. Je nach Gerät und Einstellungsmöglichkeiten kann für eine vollständige Bräunung auch mehr Zeit benötigt werden.

8 Servieren Sie die Bällchen heiß.

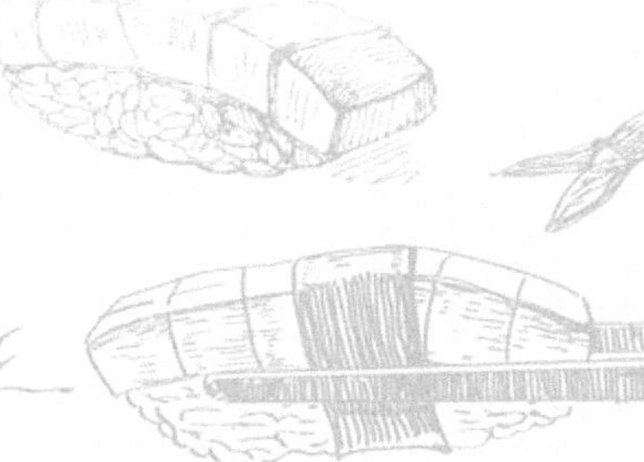

ONIGIRI |

JAPANISCHE REISBÄLLCHEN

8 Reisbällchen

20 Min.

Mittel

Zutaten

300 g Sushireis, gekocht (siehe Kapitel Sushi-Zubereitung)
1 Avocado
30 g Erdnüsse
2 EL Sesam
3 EL Sesamöl

Nährwerte p. P.

240 kcal
35 g Kohlenhydrate
3 g Fett
2 g Eiweiß

1 Entkernen Sie die Avocado und schneiden Sie das Fruchtfleisch in kleine Stücke.

2 Hacken Sie die Erdnüsse fein.

3 Vermengen Sie Avocadostücke und Erdnüsse miteinander. Formen Sie aus der Mischung 8 kleine Kugeln.

4 Drücken Sie 1 EL Reis flach auf ein Stück Frischhaltefolie.

5 Legen Sie eine Avocado-Kugel darauf.

6 Platzieren Sie darauf einen weiteren Esslöffel Reis.

7 Formen Sie mithilfe der Frischhaltefolie jetzt Kugeln.

8 Verfahren Sie mit den übrigen Zutaten so weiter, bis alle aufgebraucht sind.

9 Bestreuen Sie die Bällchen mit dem Sesam.

10 Erhitzen Sie das Öl in einer Pfanne.

11 Braten Sie die Kugeln darin für etwa 3 bis 5 Minuten von jeder Seite an.

MITOBORU |

HACKBÄLLCHEN

12 Hackbällchen | 5 Min. | Leicht

Zutaten

500 g Hackfleisch, gemischt
2 Möhren, gerieben
4 Frühlingszwiebeln, in Ringe geschnitten
125 g Pak Choi, grob gehackt
4 Zehen Knoblauch, grob gehackt
2 Eier
5 EL Sesamöl
6 EL Sojasoße (dunkel)

Außerdem:

Öl zum Anbraten

Nährwerte p. P.

340 kcal
48 g Kohlenhydrate
26 g Fett
20 g Eiweiß

1 Vermengen Sie alle Zutaten miteinander und kneten Sie mit den Händen oder den Knethaken daraus eine feste Masse.

2 Formen Sie jetzt, je nach Größe, 10 bis 12 Hackbällchen.

3 Erhitzen Sie ausreichend Öl in einer Pfanne.

4 Braten Sie die Hackbällchen darin etwa 4 Minuten von jeder Seite an.

Tipp: Die Hackbällchen können sowohl warm als auch kalt serviert werden. Dazu pas-sen verschiedene Dips.

MOCHI |

REISMEHL-KUGELN

12 Kugeln 10 Min. Leicht

Zutaten

150 g Klebereismehl
50 g Zucker
150 ml Wasser
5 EL Kartoffelstärke
1 EL Öl

Nach Belieben:

Mochi
Sesam
Kokosraspeln

Nährwerte p. P.

120 kcal
28 g Kohlenhydrate
3 g Fett
1 g Eiweiß

1 Vermengen Sie Klebereismehl, Zucker und Wasser miteinander.

2 Fetten Sie eine mikrowellengeeignete Form mit dem Öl ein.

3 Geben Sie den Teig in die Form und erhitzen Sie ihn für 5 Minuten bei 800 Watt in der Mikrowelle. Decken Sie die Form dabei mit Backpapier oder einem passenden Deckel ab.

4 Formen Sie aus dem jetzt klebrigen Teig etwa 12 Kugeln.

5 Wenden Sie sie in der Kartoffelstärke.

6 Bestreuen oder wenden Sie die Mochikugeln jetzt nach Belieben in Mochi, Sesam oder Kokosraspeln.

GEFÜLLTE SOMMERROLLEN

12 Rollen

35 Min.

Mittel

Zutaten

1 Möhre
50 g Mungobohnensprossen
6 Stiele Basilikum
4 Frühlingszwiebeln
12 Blätter Reispapier
60 g Reisnudeln
400 ml Wasser
1 Prise Salz

Außerdem:

Wasser zum Garen

Nährwerte p. P.

63 kcal
10 g Kohlenhydrate
1 g Fett
1 g Eiweiß

1 Schälen Sie die Möhre und schneiden Sie sie in dünne Streifen.

2 Waschen Sie die Sprossen ab und lassen Sie sie vollständig abtropfen.

3 Waschen Sie die Frühlingszwiebeln und schneiden Sie sie in dünne Ringe.

4 Legen Sie das Reispapier zwischen zwei feuchte Küchentücher, damit es weich wird.

5 Kochen Sie die Reisnudeln in dem Wasser und Salz nach Packungsanweisung.

6 Gießen Sie sie anschließend durch ein Sieb ab und lassen Sie sie gut abtropfen.

7 Platzieren Sie einige Nudeln, Möhrenstreifen, Basilikumblätter, Sprossen und Frühlingszwiebeln im unteren Drittel eines Reispapiers.

8 Schlagen Sie zunächst die Seiten ein und rollen Sie das Papier anschließend auf.

9 Verfahren Sie mit allen übrigen Zutaten so weiter, bis alle aufgebraucht sind.

10 Erhitzen Sie einen Topf mit Wasser und garen Sie die Rollen darin in einem Dampfeinsatz für 4 Minuten.

Desserts

CHIZUKEKI | KÄSEKUCHEN

1 Kuchen (ca. 16 Stk.) | 60 Min. | Leicht

Zutaten

4 Eier
100 g weiße Schokolade
100 g Frischkäse

Nährwerte p. P.

147 kcal
10 g Kohlenhydrate
10 g Fett
5 g Eiweiß

1 Trennen Sie die Eier.

2 Schmelzen Sie die Schokolade über einem heißen Wasserbad und lassen Sie sie anschließend etwas abkühlen.

3 Rühren Sie Eigelb und Frischkäse mit einem Mixer schaumig.

4 Schlagen Sie das Eiweiß steif und heben Sie es unter die Frischkäse-Mischung.

5 Rühren Sie die geschmolzene Schokolade portionsweise unter den Teig.

6 Heizen Sie den Backofen auf 180 Grad Ober-/Unterhitze vor.

7 Backen Sie den Kuchen für 15 Minuten und lassen Sie ihn anschließend auf einem Kuchengitter abkühlen.

BEIKUDORAICHI |

GEBACKENE LITSCHIS

4 Port.

10 Min.

Leicht

Zutaten

Kokosöl zum Ausbacken
30 g Litschis
175 g Speisestärke
175 ml Wasser
2 TL Backpulver
2 Eiweiße

Nährwerte p. P.

66 kcal
5 g Kohlenhydrate
2 g Fett
2 g Eiweiß

1 Erhitzen Sie das Öl in einem Topf auf 180 Grad.

2 Schälen und entkernen Sie die Litschis. Lassen Sie die Früchte dabei ganz.

3 Vermengen Sie Speisestärke, Wasser und Backpulver.

4 Schlagen Sie das Eiweiß steif und heben Sie es unter die Stärkemischung.

5 Ziehen Sie die Litschis durch den Teig und geben Sie sie sofort in das heiße Fett.

6 Backen Sie die Früchte einzeln darin aus.

7 Lassen Sie sie auf Küchenpapier trocknen.

DAIFUKU |

ERDBEER-MOCHI

6 Stk. 10 Min. Mittel

Zutaten

6 Erdbeeren
150 g Anko
150 g Reismehl
4 EL Zucker
350 ml Wasser
10 EL Kartoffelstärke

Nährwerte p. P.

102 kcal
65 g Kohlenhydrate
2 g Fett
1 g Eiweiß

1 Waschen Sie die Erdbeeren und entfernen Sie die Blätter.

2 Teilen Sie die Bohnen-Paste in 6 Kugeln.

3 Umhüllen Sie die Erdbeeren vollständig mit der Paste.

4 Vermengen Sie Reismehl, Zucker und Wasser miteinander und geben Sie die Mischung in ein mikrowellengeeignetes Gefäß.

5 Erhitzen Sie den Teig darin bei 1.000 Watt für 4 Minuten in der Mikrowelle.

6 Geben Sie die Kartoffelstärke in eine tiefe Form oder auf ein Backblech.

7 Teilen Sie den Teig in 6 gleich große Stücke und wenden Sie diese in der Kartoffelstärke.

8 Drücken oder rollen Sie die Stücke darin etwa 2 cm dick aus.

9 Umhüllen Sie die Erdbeeren jetzt mit jeweils einem Teigstück. Am unteren Ende der Erdbeere sollte der Teig etwas dicker sein, an der Spitze dünner.

Tipp: Servieren Sie die Erdbeer-Mochis möglichst bald nach der Zubereitung.

TOMATO NO DEZATO |

TOMATENDESSERT

2 Port.

5 Min.

Leicht

Zutaten

300 ml Wasser
25 kleine Tomaten der Sorte „Orange Bourgoine“
50 ml Mirin
50 ml Zitronensaft
3 EL Honig

Nährwerte p. P.

55 kcal
22 g Kohlenhydrate
1 g Fett
1 g Eiweiß

1 Kochen Sie das Wasser in einem kleinen Topf auf.

2 Geben Sie die Tomaten für etwa 30 Sekunden hinein, bis die Schale platzt.

3 Nehmen Sie die Tomaten aus dem Wasser und schälen Sie sie.

4 Vermengen Sie jetzt Mirin, Zitronensaft und Honig miteinander.

5 Rühren Sie die Tomaten unter.

6 Lassen Sie die Mischung mindestens 2 Stunden im Kühlschrank ruhen.

7 Servieren Sie das Tomatendessert kalt.

ANKO PURIN |

ROTE-BOHNEN-PUDDING

1 Port. 10 Min. Leicht

Zutaten

4 EL Anko
250 ml Wasser

Nach Belieben:

Tankozucker (japanischer Vanillezucker)

Nährwerte p. P.

120 kcal
45 g Kohlenhydrate
2 g Fett
4 g Eiweiß

1 Kochen Sie das Wasser auf und rühren Sie die Bohnenpaste unter.

2 Schmecken Sie die Mischung mit Tankozucker ab.

3 Servieren Sie den Pudding kalt oder warm.

nomimono
Getränke

YUZU TONIC |

JAPANISCHER GIN TONIC

2 Port.

10 Min.

Leicht

Zutaten

4 EL Yuzu-Extrakt
120 ml Gin
30 ml Sirup
Eiswürfel
120 ml Sprudel

Nährwerte p. P.

190 kcal
11 g Kohlenhydrate
0 g Fett
0 g Eiweiß

1 Vermengen Sie Yuzu, Gin und Sirup miteinander. Schütteln Sie die Mischung für 20 Sekunden.

2 Geben Sie einige Eiswürfel in 2 Gläser.

3 Geben Sie den Cocktail in die Gläser und füllen Sie die Getränke mit dem Sprudel auf.

SANSHO SODA |

SODA MIT MATE

4 Port.

60 Min.

Leicht

Zutaten

50 g Mate-Tee
1 EL Sansho-Pfeffer
1 Liter kochendes Wasser
1 EL Zucker
2 Orangen
1 Zitrone
200 ml Granatapfelsaft
Crushed Ice

Nährwerte p. P.

120 kcal
25 g Kohlenhydrate
1 g Fett
1 g Eiweiß

1 Vermengen Sie den Mate-Tee mit dem Pfeffer und übergießen Sie die Mischung mit dem Wasser.

2 Lassen Sie ihn 1 Stunde lang ziehen.

3 Geben Sie den Tee und Zucker gemeinsam mit den Zesten der Orangen und Zitrone in einen Topf.

4 Köcheln Sie den Tee ca. 10 Minuten bei mittlerer Wärmezufuhr.

5 Sieben Sie die Mischung durch ein feines Sieb.

6 Pressen Sie Orangen und Zitrone und füllen Sie den Saft in den Tee.

7 Füllen Sie ausreichend Crushed Ice in 4 Gläser.

8 Geben Sie jeweils 8 cl Granatapfelsaft über das Eis.

9 Füllen Sie die Gläser nun mit dem Tee auf.

KAIBIERINYA |

CAIBIERINHA

1 Port.

5 Min.

Leicht

Zutaten

1 Limette
2 TL Rohrzucker
5 Eiswürfel
250 ml japanisches Bier

Nährwerte p. P.

220 kcal
48 g Kohlenhydrate
2 g Fett
1 g Eiweiß

1 Waschen Sie die Limette und achteln Sie diese.

2 Geben Sie die Limetten, Rohrzucker und die Eiswürfel in ein hohes Glas.

3 Füllen Sie das Glas mit dem Bier auf.

Tipp: Garnieren Sie den Caibierinha mit einer frischen Physalis.

SENCHA |

TRADITIONELLER GRÜNER TEE

2 Port.

5 Min.

Leicht

Zutaten

6 g Sencha-Tee
400 ml Wasser

Nährwerte p. P.

10 kcal
2 g Kohlenhydrate
0 g Fett
0 g Eiweiß

1 Erhitzen Sie das Wasser auf 65 Grad.

2 Übergießen Sie den Tee mit der Hälfte des Wassers.

3 Lassen Sie den Tee 90 Sekunden ziehen.

4 Übergießen Sie ihn nun mit dem übrigen Wasser und lassen Sie ihn weitere 15 Sekunden ziehen.

KUKICHA |

JAPANISCHER ENTSPANNUNGSTEE

2 Port.

4 Min.

Leicht

Zutaten

6 g Kukicha-Tee
400 ml Wasser

Nährwerte p. P.

10 kcal
2 g Kohlenhydrate
0 g Fett
0 g Eiweiß

1 Erhitzen Sie das Wasser auf 70 Grad.

2 Übergießen Sie den Tee mit ⅓ des Wassers und lassen Sie ihn 50 Sekunden ziehen.

3 Gießen Sie ein weiteres Drittel des Wassers über den Tee und lassen Sie ihn 15 Sekunden ziehen.

4 Überprüfen Sie die Wassertemperatur und machen Sie mit dem restlichen Wasser den dritten Aufguss.

5 Lassen Sie den Tee 30 Sekunden ziehen.

sōsu, kurīmu, deippu

Soßen, Cremes & Dips

MENTSUYU |

SCHLICHTE BRÜHE

Ca. 400 ml

5 Min.

Leicht

Zutaten

100 ml Sake
100 ml Sojasoße
100 ml Mirin
2 TL Zucker
1 Beutel Dashi (japanische Brühe)

Nährwerte p. P.

44 kcal
6 g Kohlenhydrate
0 g Fett
2 g Eiweiß

1 Vermengen Sie alle angegebenen Zutaten miteinander.

2 Köcheln Sie die Soße in einem kleinen Topf für 5 Minuten bei mittlerer Wärmezufuhr.

3 Füllen Sie die Soße in ein sauberes Schraubglas oder verwenden Sie sie sofort. Sie ist mindestens 5 Tage haltbar.

Tipp: Diese schlichte Soße kann zu beinahe jedem Gericht serviert werden und ist in jeder japanischen Küche ein Muss.

GOMADARE |

HELLE SESAMSOßE

Ca. 150 ml

5 Min.

Leicht

Zutaten

4 EL Tahini (Sesampaste)
2 EL Zucker
1 EL Sojasoße (dunkel)
2 EL Reisessig
3 EL Dashi (japanische Brühe)
1 Prise Salz

Nährwerte p. P.

56 kcal
8 g Kohlenhydrate
3 g Fett
1 g Eiweiß

1 Vermengen Sie alle Zutaten in einer kleinen Schüssel.

2 Rühren Sie die Soße dabei kräftig um, damit sich der Zucker vollständig auflöst.

3 Luftdicht verschlossen hält sich die Soße mindestens 5 Tage.

Tipp: Die Gomadare wird häufig zu Nudeln serviert. Doch auch für Rohkost eignet sie sich hervorragend als Dip.

TERIYAKI |

WÜRZIGE SCHMORSOẞE

Ca. 200 ml 15 Min. Leicht

Zutaten

4 EL Sake (japanischer Reiswein)
4 EL Mirin (japanische Würzsoße)
8 EL Sojasoße (dunkel)
4 EL Zucker

Nährwerte p. P.

32 kcal
6 g Kohlenhydrate
2 g Fett
1 g Eiweiß

1 Vermengen Sie alle Zutaten in einem kleinen Topf.

2 Kochen Sie die Soße bei mittlerer Wärmezufuhr 15 Minuten lang auf.

3 Füllen Sie sie in ein Schraubglas um und bewahren Sie es im Kühlschrank auf.

4 Die Soße ist 3 Wochen lang haltbar.

PONZU |

TRADITIONELLE ZITRUSSOẞE

Ca. 250 ml

5 Min.

Leicht

Zutaten

120 ml Sojasoße
120 ml Zitronensaft, frisch gepresst
2 EL Mirin (japanische Würzsoße)
5 g Katsuobushi (Thunfischflocken)
1 Stück Kombu (Algen)

Nährwerte p. P.

75 kcal
4 g Kohlenhydrate
2 g Fett
1 g Eiweiß

1 Vermengen Sie alle Zutaten in einem Schraubglas.

2 Verschließen Sie das Glas und stellen Sie es über Nacht in den Kühlschrank.

3 Sieben Sie die Soße am nächsten Tag durch ein feines Sieb.

4 Die Soße ist mindestens 5 Tage haltbar.

Tipp: Die Soße ist der perfekte Begleiter für alle Arten von Fisch und Salat.

Sushi

So gelingt der japanische Klassiker zu Hause

IHRE SUSHI-EINKAUFSLISTE

Neben der Wahl der Zutaten und des notwendigen Zubehörs sollten Sie zu Beginn also auch etwas Geduld mitbringen und das Rollen üben. Mit der folgenden Einkaufsliste für Sushi sollten Sie gut aufgestellt sein und alles Notwendige zu Hause haben, um Ihr eigenes frisches Sushi zuzubereiten.

☐ **Klebereis**: Den speziellen Klebereis, der manchmal auch Sushireis genannt wird, finden Sie in einigen großen Supermärkten oder einem Asiamarkt. Er ist essenziell für die Zubereitung von Sushi aller Art.

☐ **Reisessig**: Der Essig wird für die Zubereitung von Sushireis benötigt. Sie erhalten ihn in der Regel in jedem gut sortierten Supermarkt.

☐ **Beilagen**: Zu jeder Art von Sushi werden in Japan drei Arten von Beilagen serviert. Eingelegter **Ingwer**, **Wasabi-Paste** und **Sojasoße**. Diese drei Zutaten sind für einen Sushi-Genuss unverzichtbar. Sie passen zu jedem der folgenden Rezepte.

☐ **Fisch**: In der Regel wird Sushi mit **Lachs** oder **Thunfisch** zubereitet. Gängige Alternativen sind **Surimi**-Zubereitungen. Achten Sie beim Kauf des Fischs besonders auf Frische und verarbeiten Sie ihn zügig.

☐ **Nori-Blätter**: Ebenfalls ein essenzielles Mittel, um Sushi zuzubereiten, sind die Nori-Blätter. Sie werden auch Algenblätter genannt und sind sehr trocken. Um sie besser händeln zu können, sollten Sie Ihre Hände während der Zubereitung etwas anfeuchten.

☐ **Gemüse**: Die gängigsten Gemüsesorten, die für die Zubereitung von Sushi verwendet werden, sind **Avocado**, **Gurke** und **Möhre**. Gurken sollten für das Sushi nicht geschält werden, da sie den Reis sonst durchnässen würden.

☐ **Frischkäse**: In einigen Sushi-Rezepten wird Frischkäse verarbeitet. Dafür eignet sich am besten ein Naturfrischkäse Ihrer Wahl.

☐ **Sesam**: Für Inside-Out-Sushirollen werden die fertigen Rollen entweder in hellem oder dunklem Sesam gewendet. Diese haften dann an dem Reis fest, bringen Geschmack mit und peppen die Rollen auch optisch auf.

SUSHIREIS IN PERFEKTER KONSISTENZ |

SO GELINGT DER REIS OPTIMAL

Zutaten

250 g Sushireis
350 ml Wasser
3 EL Reisessig
2 EL Zucker
1 TL Salz

1 Waschen Sie den Reis gründlich ab und kochen Sie ihn mit dem Wasser für 15 Minuten bei geringer Hitze.

2 Lassen Sie den Reis anschließend bei leicht geöffnetem Topf 15 Minuten ruhen.

3 Erhitzen Sie währenddessen Reisessig, Zucker und Salz in einem separaten Topf, bis sich der Zucker vollständig aufgelöst hat.

4 Lassen Sie den Essig anschließend abkühlen.

5 Rühren Sie die Essigmischung jetzt unter den Reis.

6 Bedecken Sie den Reis mit einem feuchten Baumwolltuch und lassen Sie ihn erneut 10 Minuten ruhen.

7 Nach dieser Zeit hat der Teig eine klebrige Konsistenz, durch die er sich gut verarbeiten lässt.

bejitarian sushi

Vegetarisches Sushi

MAKI SUSHI MIT AVOCADO UND ZWIEBELN

4 Port.

20 Min.

Leicht

Zutaten

250 g Sushireis
4 EL Olivenöl
1 EL Rotweinessig
2 rote Zwiebeln
1 Prise Zucker
1 Prise Salz
1 Avocado
2 Nori-Blätter

Nährwerte p. P.

90 kcal
49 g Kohlenhydrate
9 g Fett
1 g Eiweiß

1 Schälen und würfeln Sie die Zwiebeln.

2 Erhitzen Sie das Öl in einer Pfanne und braten Sie die Zwiebelwürfel darin an.

3 Rühren Sie Rotweinessig, Salz und Zucker unter die Zwiebeln und füllen Sie die Mischung um.

4 Schälen Sie die Avocado und schneiden Sie das Fruchtfleisch in dünne Streifen.

5 Legen Sie die Bambusmatte mit Klarsichtfolie aus und belegen Sie diese mit einem Nori-Blatt.

6 Bestreichen Sie das Blatt mit Reis.

7 Verteilen Sie darauf die Zwiebel-Mischung und die Avocadostreifen.

8 Rollen Sie die Matte zusammen und schneiden Sie aus der Rolle etwa 8 dünne Streifen.

VEGETARISCHES SUSHI MIT FRISCHKÄSE

4 Port.

20 Min.

Leicht

Zutaten

250 g Sushireis
1 Avocado
2 Möhren
½ Gurke
4 EL Frischkäse
4 Nori-Blätter

Nährwerte p. P.

121 kcal
42 g Kohlenhydrate
7 g Fett
3 g Eiweiß

1 Schälen Sie die Avocado und schneiden Sie das Fruchtfleisch in dünne Streifen.

2 Waschen Sie Möhren und Gurke und schneiden Sie das Gemüse ebenfalls in dünne Streifen.

3 Legen Sie ein halbes Nori-Blatt auf die Bambusmatte.

4 Verteilen Sie darauf eine etwa 1 cm dicke Reisschicht.

5 Geben Sie darauf jeweils 1 EL Frischkäse und verteilen Sie ihn auf dem Reis.

6 Richten Sie die vorbereiteten Streifen auf dem Frischkäse so an, dass sie eng zusammengerollt werden können.

7 Rollen Sie das Nori-Blatt nun mithilfe der Bambusmatte ein und schneiden Sie 8 Rollen daraus.

8 Brauchen Sie alle übrigen Zutaten auf diese Weise auf.

SUSHI MIT OMELETT-FÜLLUNG

2 Port.

20 Min.

Leicht

Zutaten

150 g Sushireis
2 Nori-Blätter
2 Möhren
3 Eier
1 EL Milch
1 EL Schnittlauch, in Röllchen geschnitten
1 Prise Pfeffer

Nährwerte p. P.

104 kcal
66 g Kohlenhydrate
8 g Fett
9 g Eiweiß

1 Schälen Sie die Möhren und schneiden Sie diese in dünne Streifen.

2 Verquirlen Sie die Eier mit der Milch, dem Schnittlauch und dem Pfeffer.

3 Braten Sie die Eier-Mischung in einer Pfanne, ohne Zugabe von Fett

4 zu einem Omelett.

5 Lassen Sie das Omelett abkühlen und schneiden Sie es anschließend in kleine Stücke.

6 Legen Sie eine Bambusmatte mit einem halben Nori-Blatt aus.

7 Verteilen Sie darauf etwa die Hälfte vom Sushireis.

8 Geben Sie nun die Möhrenstreifen und die zerkleinerten Omelettstreifen darauf.

9 Rollen Sie alles zu einer festen Rolle zusammen und wiederholen Sie den Vorgang mit den übrigen Zutaten.

10 Schneiden Sie aus den großen Rollen 8 kleine Rollen.

BUNTES GEMÜSE-SUSHI

  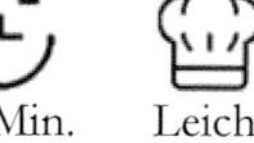

2 Port. 20 Min. Leicht

Zutaten

150 g Sushireis
2 Nori-Blätter
2 Möhren
1 Paprika, rot
1 Avocado

Nährwerte p. P.

98 kcal
56 g Kohlenhydrate
12 g Fett
15 g Eiweiß

1 Bereiten Sie zunächst das Gemüse vor. Waschen Sie Möhren und Paprika und schneiden Sie diese in Streifen.

2 Entkernen Sie die Avocado und schneiden Sie das Fruchtfleisch ebenfalls in Streifen.

3 Legen Sie ein halbes Nori-Blatt auf die Bambusmatte.

4 Verteilen Sie darauf die Hälfte von dem Sushireis.

5 Geben Sie die Gemüsestreifen darauf und rollen Sie die Zutaten zu einer festen Sushirolle.

6 Schneiden Sie daraus 6 bis 8 dünne Rollen und wiederholen Sie den Vorgang mit den übrigen Zutaten.

INSIDE-OUT SUSHI MIT ROTKOHL

4 Port.

20 Min.

Leicht

Zutaten

250 g Sushireis
4 Nori-Blätter
⅓ Rotkohl
½ Paprika, gelb
2 Möhren

Außerdem:

Schwarzer Sesam

Nährwerte p. P.

88 kcal
39 g Kohlenhydrate
2 g Fett
3 g Eiweiß

1 Bereiten Sie zunächst das Gemüse vor. Schälen Sie die Möhren und waschen Sie Rotkohl und Paprika.

2 Schneiden Sie das Gemüse in dünne Streifen.

3 Legen Sie ein halbes Nori-Blatt auf die Bambusmatte.

4 Verteilen Sie darauf etwa eine 1 cm dicke Schicht Reis.

5 Wenden Sie das Nori-Blatt, damit der Reis nun auf der Matte liegt.

6 Geben Sie darauf das vorbereitete Gemüse.

7 Rollen Sie die Matte jetzt zusammen und drücken Sie den Reis vorsichtig an das Nori-Blatt.

8 Schneiden Sie die Rolle in 2 cm dicke Streifen und verfahren Sie mit den übrigen Zutaten, bis alle aufgebraucht sind.

9 Wenden Sie die Rollen zum Abschluss in dem schwarzen Sesam.

namazakana no sushi

Sushi mit rohem Fisch

MAKI SUSHI |

DAS SUSHI-GRUNDREZEPT

4Sushirollen

30 Min.

Leicht

Zutaten

250 g Sushireis
4 Nori-Blätter
75 g Lachsfilet
75 g Thunfischfilet
1 Avocado
½ Gurke

Außerdem:

Eingelegter Ingwer
Sojasoße
Wasabi-Paste

Nährwerte p. P.

69 kcal
35 g Kohlenhydrate
4 g Fett
4 g Eiweiß

1 Bereiten Sie den Reis nach Anleitung zu.

2 Waschen Sie den Fisch, tupfen Sie ihn trocken und schneiden Sie ihn in lange, dünne Streifen.

3 Schälen Sie die Avocado und schneiden Sie sie in Streifen.

4 Waschen Sie die Gurke. Entfernen Sie das innere Gehäuse und schneiden Sie die Gurke in lange, dünne Streifen.

5 Legen Sie ein halbes Nori-Blatt auf die Bambusmatte.

6 Verteilen Sie etwa 2 EL Reis darauf. Lassen Sie den Rand dabei frei.

7 Geben Sie Lachs, Thunfisch, Avocado und Gurkenstreifen darauf. Die Zutaten sollten eng beieinanderliegen.

8 Befeuchten Sie das untere Ende des Nori-Blattes mit Wasser und rollen Sie das Sushi mithilfe der Bambusmatte ein.

9 Drücken Sie alles fest und rollen Sie die Matte wieder auf.

10 Schneiden Sie daraus 8 Rollen.

11 Servieren Sie eingelegten Ingwer, Sojasoße und Wasabi-Paste zu dem Sushi.

CALIFORNIA ROLL |

INSIDE-OUT-SUSHIROLLEN

4 Sushirollen

20 Min.

Mittel

Zutaten

250 g Sushireis
4 Nori-Blätter
150 g Lachs
1 Avocado

Außerdem:

Schwarzer Sesam
Eingelegter Ingwer
Sojasoße
Wasabi-Paste

Nährwerte p. P.

85 kcal
39 g Kohlenhydrate
3 g Fett
5 g Eiweiß

1 Waschen Sie den Lachs und schneiden Sie ihn in dünne Streifen.

2 Schälen Sie die Avocado und schneiden Sie das Fruchtfleisch ebenfalls in Streifen.

3 Halbieren Sie die Nori-Blätter.

4 Bedecken Sie die Sushirolle mit Klarsichtfolie. Legen Sie ein halbes Nori-Blatt darauf und befeuchten Sie es.

5 Bedecken Sie das Blatt anschließend mit Reis. Wenden Sie das Blatt vorsichtig und legen Sie es mit dem Nori-Blatt nach oben auf die Matte.

6 Belegen Sie es jetzt mit Lachs- und Avocado-Streifen.

7 Rollen Sie die Matte vorsichtig ein und drücken Sie den Reis dabei fest.

8 Entfernen Sie die Matte und schneiden Sie die Rolle in weitere 6 bis 8 dünne Rollen.

9 Wenden Sie die Rollen vor dem Servieren in dem schwarzen Sesam.

10 Servieren Sie dazu Sojasoße, Ingwer und die Wasabi-Paste.

Tipp: Alternativ kann für die California Roll statt Lachs auch Krebsfleisch oder Surimi verwendet werden.

MAKI SUSHI MIT THUNFISCH

4Sushirollen

20 Min.

Leicht

Zutaten

250 g Sushireis
4 Nori-Blätter
1 Gurke
150 g Lachs
150 g Thunfisch

Außerdem:

Eingelegter Ingwer
Sojasoße
Wasabi-Paste

Nährwerte p. P.

80 kcal
32 g Kohlenhydrate
4 g Fett
9 g Eiweiß

1 Waschen Sie den Fisch ab, tupfen Sie ihn trocken und schneiden Sie ihn in lange, dünne Streifen.

2 Waschen Sie die Gurke, entfernen Sie die inneren Kerne und schneiden Sie sie in Streifen.

3 Legen Sie jeweils ein halbes Nori-Blatt auf die Sushirolle.

4 Bestreichen Sie es mit Reis.

5 Verteilen Sie darauf die vorbereiteten Fisch- und Gurkenstreifen.

6 Rollen Sie die Matte jetzt vorsichtig zusammen und drücken Sie den Reis fest.

7 Schneiden Sie die Sushirolle in beliebig dicke Scheiben.

MAKI SUSHI MIT RINDFLEISCH

4 Port.

20 Min.

Leicht

Zutaten

250 g Sushireis
4 Nori-Blätter
70 g Champignons
150 g Rindfleisch

Außerdem:

Eingelegter Ingwer
Sojasoße
Wasabi-Paste

Nährwerte p. P.

68 kcal
39 g Kohlenhydrate
1 g Fett
5 g Eiweiß

1 Waschen Sie das Rindfleisch, tupfen Sie es trocken und schneiden Sie es in dünne Streifen.

2 Waschen Sie die Champignons und schneiden Sie sie in kleine Würfel.

3 Rösten Sie die Champignons 2 Minuten lang in einer Pfanne, ohne Zugabe von Fett

4 an.

5 Halbieren Sie die Nori-Blätter und legen Sie eine Hälfte auf die Bambusmatte.

6 Verteilen Sie darauf Reis, die vorbereiteten Rindfleischstreifen und Champignonwürfel.

7 Rollen Sie das Sushi zu einer Rolle und drücken Sie sie fest zusammen.

8 Schneiden Sie die Rolle in 8 dünne Streifen.

9 Servieren Sie das Sushi mit eingelegtem Ingwer, Sojasoße und Wasabi-Paste.

NIGIRI-SUSHI MIT LACHS

 4 Port.

 20 Min.

 Leicht

Zutaten

250 ml Sojasoße
4 EL Honig
2 EL Apfelsaft
1 Stück Zitronengras, fein zerkleinert
1 Zehe Knoblauch, gepresst
Der Saft einer halben Zitrone
1 TL Ingwer, gerieben
200 g Sushireis
1 Nori-Blatt
150 g Räucherlachs

Außerdem:

Sesam

Nährwerte p. P.

76 kcal
39g Kohlenhydrate
1 g Fett
5 g Eiweiß

1 Vermengen Sie Sojasoße, Honig, Apfelsaft, Zitronengras, Knoblauch, Zitronensaft und Ingwer in einem kleinen Topf.

2 Kochen Sie die Sojamarinade 5 Minuten lang bei geringer Wärmezufuhr auf.

3 Formen Sie aus dem Reis längliche Bällchen.

4 Schneiden Sie den Lachs so zurecht, dass die Scheiben auf die Reisbällchen passen. Belegen Sie diese mit den Fischscheiben.

5 Schneiden Sie jetzt die Nori-Blätter in 2 cm breite Streifen.

6 Umwickeln Sie die Sushibällchen mit den Blättern.

7 Bestreichen Sie sie jetzt mit der Sojamarinade und verteilen Sie etwas Sesam darauf.

8 Servieren Sie die übrige Sojamarinade zu dem Sushi.

INSIDE-OUT-SUSHI MIT FRISCHKÄSE

 4 Port.
 20 Min.
 Leicht

Zutaten

250 g Sushireis
1 Avocado
½ Paprika, rot
½ Gurke
100 g Lachs
100 g Frischkäse
2 Nori-Blätter

Außerdem:

Schwarzer Sesam
Eingelegter Ingwer
Sojasoße
Wasabi-Paste

Nährwerte p. P.

98 kcal
41 g Kohlenhydrate
2 g Fett
8 g Eiweiß

1 Schälen Sie die Avocado. Schneiden Sie das Fruchtfleisch in dünne Streifen.

2 Waschen Sie Paprika und Gurke. Schneiden Sie das Gemüse in Streifen.

3 Waschen Sie den Lachs, tupfen Sie ihn trocken und schneiden Sie ihn ebenfalls in dünne Streifen.

4 Legen Sie ein halbes Nori-Blatt auf die Bambusmatte.

5 Bestreichen Sie es mit Reis. Wenden Sie das Blatt so, dass sich jetzt nun der Reis auf der Matte befindet.

6 Verteilen Sie eine dünne Schicht Frischkäse darauf.

7 Belegen Sie das Nori-Blatt nun mit den Gemüsestreifen.

8 Rollen Sie das Sushi fest zusammen.

9 Schneiden Sie die Rolle in 8 bis 10 dünne Rollen.

10 Wenden Sie diese in dem schwarzen Sesam.